이지현

많은 친구들이 키가 크지 않아서 고민하는데 그 고민을 함께하고 싶어서 이 책을 썼습니다.
키가 크는 데 필요한 것들을 알면 더 든든하고 힘이 날 테니까요.
그러고 보니, 지금은 성장을 멈춘 아들의 성장기 때 이 책을 보여 줄 수 있었다면 하는 아쉬움이 생기네요.
그동안 쓴 책으로 《도와줘요, 빨래방 아줌마!》《옆집에는 누가 살고 있을까》《바르게 벌고 값있게 써야지》
《집을 나온 껌벙이》 등이 있습니다.

김유대

여행하면서 드로잉 하기를 좋아하고 벌레나 동물 들을 꼬물락 그리면 행복합니다.
뼈다귀 아저씨 말씀처럼 잘 먹고 잘 자고 열심히 운동해서 키가 더 커졌으면 좋겠습니다.
1996년 서울 그림책 일러스트레이션 공모에서 대상을, 1997년 한국출판미술대전에서 특별상을 받았습니다.
그동안 그린 책으로 《똥개의 복수》《딱새의 복수》《2학년 3반 와하하반》《재주꾼 동무들》《선생님 과자》
《구슬이 데구루루》《나도 예민할 거야》《도토리 사용 설명서》《콩가면 선생님이 웃었다》 등이 있습니다.

스콜라 우리 몸 학교 ❻

도와줘요, 뼈다귀 아저씨!

키 크고 싶어요

글 이지현 | 그림 김유대

위즈덤하우스

키가 뭐길래

오늘 학교에서 일어난 일이야.
멀대가 칠판에다 미미를 놀리는 낙서를 했지 뭐야.
미미는 속상해서 훌쩍훌쩍 울었지.
나는 성큼성큼 나아가 쓱싹쓱싹 낙서를 지우고
미미 앞에서 한껏 멋진 모습을 보여 주려 했는데…….
애고애고! 내 손이 닿지가 않아.
까치발을 해도 안 닿아.
이때 준수가 척 나서더니,
한 번에 휘익 낙서를 지웠어.
나는 조용히 고개를 숙이고 자리로 돌아왔어.

땅꼬마래요~
땅꼬마!

멀대야,
하지 마

준수는
진짜 키
크다!

으앙,
난 몰라.

ㅋㅋㅋㅋ…

내 키는 우리 반에서 두 번째로 작아.
제일 작은 아담이가 있지만 사실은 아담이가
나보다 더 클지도 몰라.
번호를 정하느라 키 순서로 줄을 설 때
내가 살짝 뒤꿈치를 들었으니까.
키가 작으면 뭐 어떠냐고?
자존심, 자존감이 무지무지 세다면 뭐 상관없겠지만
나처럼 보통의 아이라면 엄청 신경이 쓰인단 말이야.

난 키가 크면 좋겠어.
주위를 돌아봐, 세상에 키 큰 사람이 얼마나 많은가!
키, 키, 키!
나는 난감한 나의 키를 생각하며 집으로 돌아가고 있었어.
그때 담장 너머로 한 남자의 머리가 이리저리 움직이는 게 보였어.
뭐지, 저 아저씨는? 농구 선수인가?
무슨 키가 담장 위로 머리가 올라올 정도로 크단 말이야?
난 갑자기 궁금해서 나도 모르게 발걸음을 그쪽으로 돌렸어.
대문 틈으로 고개를 살짝 들이밀었지.

아저씨는 커다란 뼈다귀를 만지고 있었어.
아저씨가 만지는 뼈다귀는 아주 컸고, 아저씨의 키도 아주아주 컸어.
난 한참 동안 아저씨가 하는 일을 지켜보았지.
아저씨는 갖가지 뼈를 가져다가 서로 잇고 묶고 붙이고 있었어.
아무래도 아저씨는 뼈 전문가가 틀림없어.
지금 내 고민을 해결해 줄 사람은 바로
저 뼈다귀 아저씨뿐이야!
난 아저씨 앞으로 한걸음에
달려가 무릎을 꿇었어.

"도와줘요, 아저씨! 난 키가 작아요."
난 아저씨를 올려다보며 한껏 간절한 눈빛을 쏘아 보냈어.
"나도 아저씨처럼 키가 크고 싶어요."

뼈가 없으면 키도 없다

뼈와 키는 떼려야 뗄 수 없는 사이.
흐느적흐느적 문어는 뼈가 없으니 키가 없지.
덜그럭덜그럭 해골은 뼈가 있으니 키가 있지.
키란 뼈대 있는 족속들에게만 있는 거야.

그래 봤자 몸길이지!

봐, 난 이렇게 길다고!

"흠, 키가 크고 싶어서 나를 찾아왔다고?"
뼈다귀 아저씨는 눈이 휘둥그레져서 잠시 동안 고개를 갸웃거리더니,
마침내 빙그레 웃으며 말했어.
"어쨌든 키 때문에 나를 찾아온 건 잘한 일이야.
이런 말 들어 봤니? 뼈가 없으면 키도 없다!
키는 곧 뼈의 길이에 달려 있거든."
아저씨는 긴 뼈다귀 지팡이를 짚고 말하기 시작했어.
"난 오랫동안 키를 연구하고 또 연구했어. 그러다 보니,
뼈를 사랑하게 되었고, 마침내 사람들에게 사랑스런 뼈의 모습을
보여 주려고 뼈 조각가가 된 거야."

뼈다귀 아저씨는 부스럭부스럭 서랍 속에서 종이 한 장을 꺼냈어.
"흠흠, 우선 네가 뼈에 대해 얼마나 아는지 알아보겠다."
'뭐지? 시험을 보는 거야? 으윽, 어려운 문제면 큰일인데!'
나는 침을 꼴깍 삼키고는 아저씨가 주는 시험지를
조심스레 펼쳐 보았어.

뼈다귀에 대한 기기묘묘한 문제들

1 귀는 귀인데 못 듣는 귀는?

2 뼈가 있는 동물을 모두 골라 봐.

흐느적 문어, 폴짝 메뚜기, 꾸불텅 지렁이, 왕눈이 개구리, 뻐끔 금붕어, 반짝반짝 조개, 스멀스멀 거미, 멍멍 강아지, 스르르르 뱀, 사람

3 아기의 뼈가 많을까, 어른의 뼈가 많을까?

4 이는 뼈일까, 아닐까?

5 손톱은 뼈일까, 아닐까?

6 알루미늄과 뼈 중에서 어느 것이 더 가벼울까?

7 콘크리트와 뼈 중에서 어느 것이 더 단단할까?

정답

1. 빼다귀!

2. 개구리, 금붕어, 강아지, 뱀, 사람

3. 아기가 어른보다 뼈가 더 많지! 엄마 배 속에서 태어난 아기의 뼈는 305개, 어른이 되면 206개. 아기 때 여러 조각의 뼈가 자라면서 서로 붙는단다.

  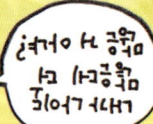

4. 응, 뼈가 아니야!
이는 뼈처럼 단단하지만 뼈는 아니야. 뼈는 부러져도 다시 붙지만, 이는 그렇지가 않지. 또 뼈는 다치면 피가 나지만 이는 피가 안 나. 이가 몸에서 가장 단단한 물질이란다.

5. 손톱과 발톱은 뼈가 아니야. 피부 세포가 단단하게 뭉친 거란다.

6. 뼈는 가벼워.
알루미늄보다 뼈가 가볍단다.

7. 뼈가 콘크리트보다 훨씬 더 단단하단다.

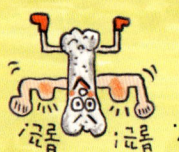

알쏭달쏭 헷갈리는 문제였지만
나는 세 문제를 맞혔어.
그것으로도 시험을 통과한 건지
아저씨는 나에게 뼈 수업을 해 주겠대.

뼈가 하는 일

뼈는 우리 몸이 꼿꼿이 서 있게 해 주지.
만약 뼈가 없다면 어떨까?
우리는 일어서거나 앉을 수도 없이 낙지나 문어처럼
몸을 흐느적거려야 할 거야.

뼈대가 있다고 생각해 봐.

흐느적거리는 문어도 뼈대가 있다면……

이렇게 꼿꼿하게 설 수 있을지도 몰라.

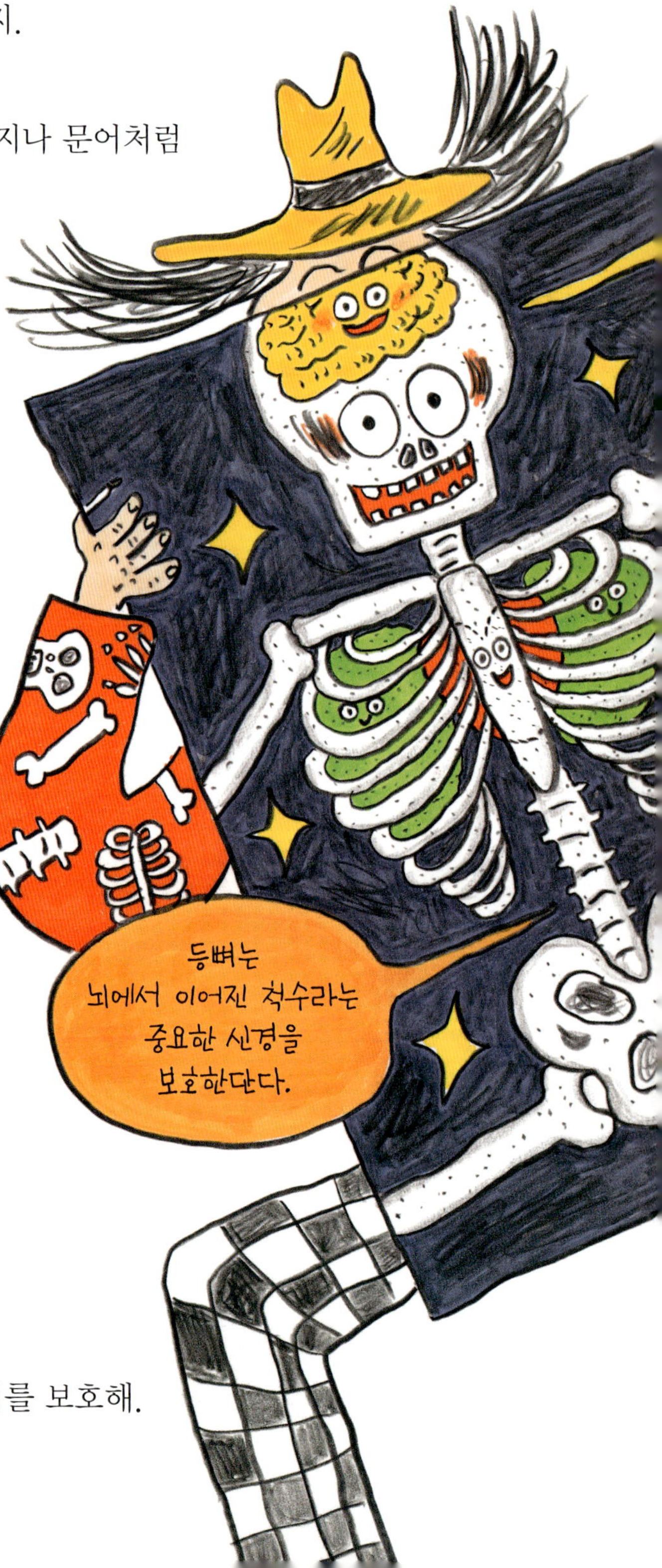

또 단단한 뼈는 우리 몸의 중요한 장기를 보호해.

등뼈는 뇌에서 이어진 척수라는 중요한 신경을 보호한단다.

"아저씨, 제 뼈가, 아니 키가 쑥쑥 자랄 수 있을까요?"
"물론이지."
"우리 아빠 키가 작은데요."
나는 조바심이 나서 물었어.
"키는 원래 아빠와 엄마를 닮는 것 아닌가요?"
"물론 어느 정도 닮는단다. 그것을 '유전적 키'라고 하지. 먼저 네가 부모님의 키를 닮았을 때 어른이 되면 얼마나 자랄지 알아보자고."

부모의 키를 닮았을 때 키 계산법
남자아이 : (아버지 키 + 어머니 키) ÷ 2 + 6.5cm
여자아이 : (아버지 키 + 어머니 키) ÷ 2 − 6.5cm

아빠 키가 160cm, 엄마 키가 165cm예요. 계산해 볼게요.
(160cm+165cm)÷2 +6.5cm=……
어려워서 못 하겠어요.
그러니까…
그게 말이죠….

애고, 나의 유전적 키는 169센티미터!
"역시! 저는 그다지 키가 크지 않는군요."
난 눈앞이 캄캄해져서 길게 한숨을 내쉬었어.

"너무 실망하지 마! 반드시 유전으로 키가 결정되는 건 아니란다."
뼈다귀 아저씨가 말했어.
나는 깜짝 놀랐어. 뜻밖의 말이었거든.
"반드시는 아니라고요?"
"그럼! 유전 말고도 키 크는 데 중요한 것들이 또 있단다."
"키가 크는 데 중요한 것들이라고요?"
갑자기 깜깜하던 내 마음속에 반짝 불이 하나 켜지는 것 같았어.
"그러니까 그건 키를 커지게 하는 주문이나 마법의 약 같은 거지요?"
내 말에 아저씨는 나를 보며 알 듯 모를 듯한 웃음을 지었어.
"먼저 네 키를 재어 보자."

아저씨는 내 키를 재었어.
나는 키가 크도록 목을 한껏 늘였지.
"음, 키가 123센티미터구나.
오늘 네게 마법의 주문을 걸어야겠다.
오늘 밤 자는 동안 얼마나 키가 크는지
내일 아침에 보자."

깊은 밤 뼈 공장에서

여기는 뼈 공장!
사람들이 잠든 깊은 밤,
으쌰으쌰 뼈세포를 만들어.
성장 호르몬 사장님이 지시를 해.
"쉬지 말고 부지런히 작업하세요."
사춘기가 지나면 뼈 공장은 문을 닫아.

다음 날은 마침 토요일이었어.
나는 눈을 뜨자마자 후닥닥 옷을 입고
뼈다귀 아저씨의 집으로 달려갔어.
"잘 잤니? 어디 밤새 키가 얼마나 컸나 재 보자."
우아, 세상에 이런 일이.
밤새 내 키는 0.5센티미터나 늘었어.
나는 신이 나서 펄쩍펄쩍 뛰었지.
하루에 0.5센티미터면 열흘에 5센티미터,
100일에 50센티미터가 커지는 건가?
이러다가 너무 키가 커서 고민하게 될 것 같은데.

"어제 내가 건 마법의 주문이 잘 듣는데!"
뼈다귀 아저씨는 으흐흐 웃었어.
"사실 키는 아침과 저녁이 다르단다.
몸을 받쳐 주는 척추뼈가 일어서서 돌아다니는 낮에는 서로 눌렸다가
밤에 잠자는 동안 제자리로 돌아온단다.
그래서 아침에 키를 재면 하루 중에서 가장 큰 키가 나오지."

뼈는 자란다

키는 발뒤꿈치부터 머리끝까지의 길이란다.
키가 큰다는 건 몸의 기둥인 척추와 다리뼈가 길어지는 거지.
물론 뼈와 그곳에 붙은 근육도 자라야 하고.
머리카락과 털, 손톱, 발톱 들은 죽을 때까지
길게 자라지만 뼈는 어른이 되면
더 이상 길이가 자라지 않아.

키가 특히 많이 자라는 결정적 시기가 있어.
태어나서 한 살까지와 사춘기 때지.
사춘기가 지나면 키 크는 속도가 점점 느려져서
만 스무 살 정도가 되면 키는 더 이상 자라지 않아.

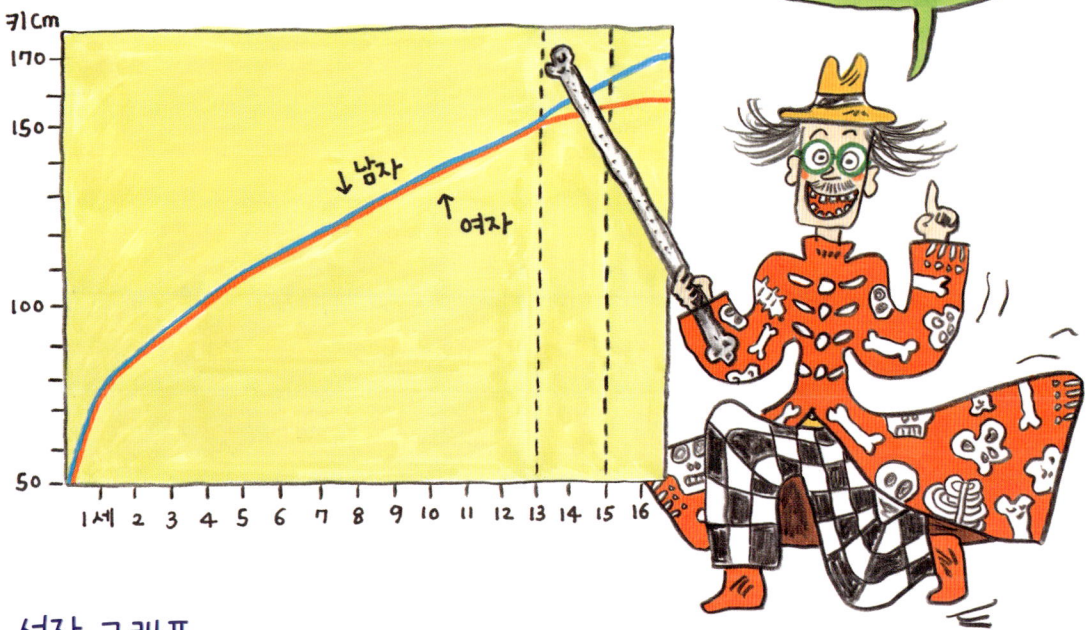

성장 그래프

태어나서 12개월까지 평균 25센티미터 정도 자란다.
2~3세에서 사춘기까지 해마다 5~6센티미터 정도 자란다.
사춘기 때는 1년에 7~12센티미터 정도 자란다.
사춘기가 지나면 4~6센티미터 정도 더 자란 후 성장이 멈춘다.

뼈가 자라는 곳, 성장판

뼈는 성장판에서 자라.
성장판은 뼈의 양 끝에 있는 뼈세포를 만드는 곳이야.
아이 때는 성장판이 말랑말랑해서
계속 뼈세포를 만들어 내지만,
어른이 되어 성장판이 딱딱하게 굳어지면
더 이상 뼈세포를 만들어 내지 않아.
어른이 되면 뼈의 길이는 자라지 않고
뼈의 굵기만 조금씩 굵어진단다.

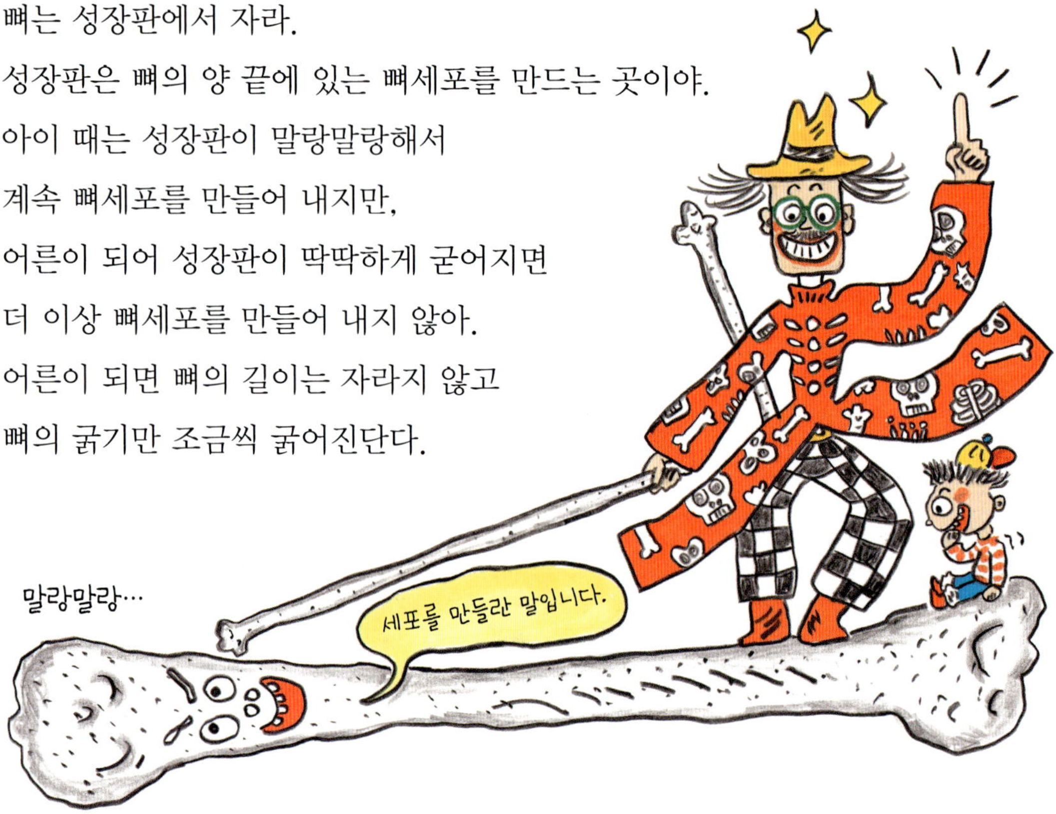

말랑말랑…

세포를 만들란 말입니다.

성장판이 열려 있다
성장판에서 뼈세포를 만들고 있다.

성장판이 닫혔다
성장판이 굳어서 뼈세포를 만들지 않는다.

뼈야 자라라, 성장 호르몬

성장판에서 뼈세포를 만들라고 신호를 주는 게 성장 호르몬이야.
뇌에서 성장 호르몬이 나오면 성장판은 그 신호를 받아
뼈세포를 만들기 시작해.

성장 호르몬은 보통 밤 11시에서 1시 사이에 가장 많이 나와.
아이들은 잠들기 시작해서 한 시간쯤 지나면 깊은 잠을 자는데
그때 성장 호르몬이 나오기 시작해.
그때가 뼈가 자라는 시간인 거지.

알고 보면 평범한 키 크는 비법

짠 짜잔! 기대하시라!
키 크는 비법을 공개할게.

키 크는 비법 ❶ 골고루 잘 먹기

식사는 제때에 골고루 먹어야 해.
키가 크려면 균형 잡힌 영양이 필요하거든.
그러니까 뼈와 근육을 만드는 데 필요한 재료가 충분해야 한다는 말이지.
모든 영양소가 골고루 필요하지만
특히 단백질과 칼슘, 비타민D가 필요해.

키 크는 데 좋은 음식

1 고기
양질의 동물성 단백질과 아연, 철분이 들어 있다.

2 우유
칼슘을 비롯해 성장에 필요한 영양소를 두루 갖추고 있다.

3 콩
콩에 들어 있는 단백질은 성장 호르몬이 잘 나오게 도와준다. 콩으로 만든 두부, 두유, 콩나물도 좋다.

4 달걀
달걀은 좋은 단백질 식품이다. 달걀을 하루에 하나씩 먹으면 좋다.

5 멸치
뼈가 자라는 데 필요한 단백질과 칼슘이 풍부하다. 작은 멸치일수록 칼슘이 많다.

6 버섯
버섯은 단백질이 풍부하고, 칼슘 흡수에 꼭 필요한 비타민D도 풍부하다.

7 시금치
우유는 완전 영양 식품이지만 비타민A와 C가 부족한데 시금치가 이를 보충해 준다.

8 귤
성장을 돕는 으뜸 과일이다. 귤에는 비타민이 골고루 들어 있을 뿐 아니라 칼슘도 많이 들어 있다.

9 미역, 다시마, 김
미역과 다시마에는 칼슘과 무기질이 많아 뼈와 근육이 자라는 데 도움을 준다.

단백질은 뼈와 근육의 주재료이면서 성장 호르몬을 잘 나오게 해.
하지만 편식하지 않고 세끼 밥만 잘 먹어도
자라는 데 필요한 영양소는 충분하단다.

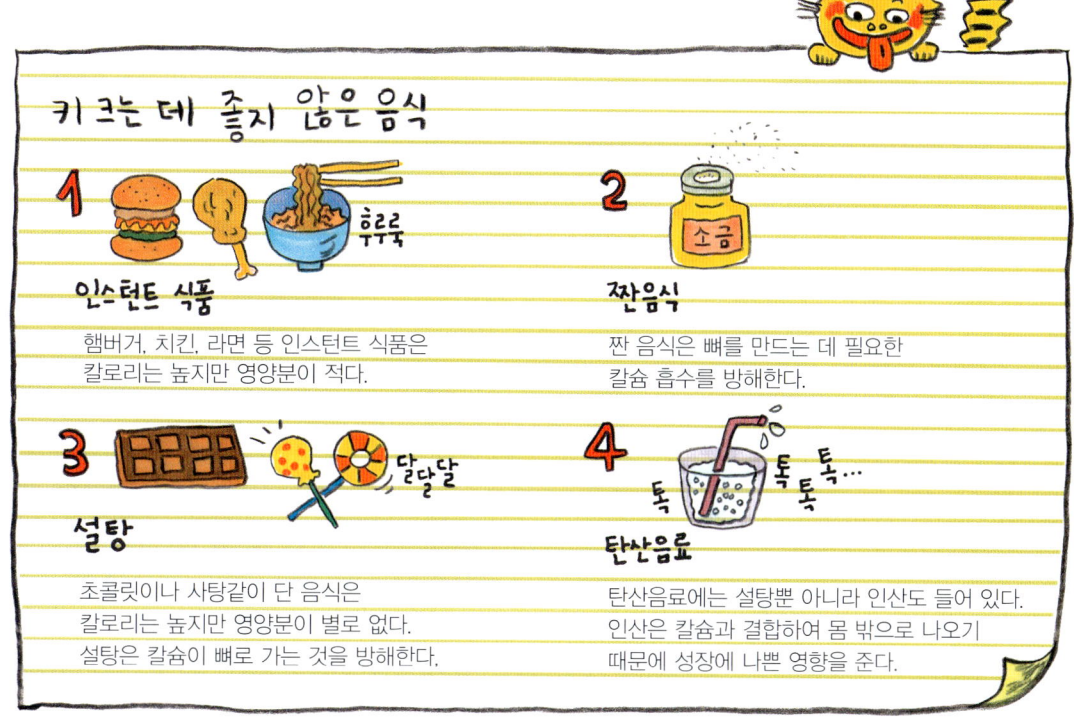

키 크는 데 좋지 않은 음식

1 인스턴트 식품
햄버거, 치킨, 라면 등 인스턴트 식품은 칼로리는 높지만 영양분이 적다.

2 짠 음식
짠 음식은 뼈를 만드는 데 필요한 칼슘 흡수를 방해한다.

3 설탕
초콜릿이나 사탕같이 단 음식은 칼로리는 높지만 영양분이 별로 없다.
설탕은 칼슘이 뼈로 가는 것을 방해한다.

4 탄산음료
탄산음료에는 설탕뿐 아니라 인산도 들어 있다.
인산은 칼슘과 결합하여 몸 밖으로 나오기 때문에 성장에 나쁜 영향을 준다.

잘 먹지 못하면 덜 큰다

17세기 후반. 프랑스 남자들의 평균 키가 161.7센티미터에 불과했는데
농사가 잘 되어 먹을 것이 넉넉해지자 12년 만에
평균 키가 3.8센티미터나 커져서 165.5센티미터가 되었다.
먹을 것이 부족하던 시절, 유럽에서는 빵집이나 푸줏간처럼
음식과 관련이 있는 곳에서 일하는 사람들이
다른 직업을 가진 사람들에 비해 평균 0.7센티미터 더 컸다.
2014년 남한과 북한의 11세 남자아이의 키 차이가
20센티미터 가까이 난다고 한다. 북한은 오랫동안 식량이
부족해서 성장기의 아이들이 충분한 영양을
섭취하지 못했기 때문이다.
남자 어른의 경우에도 15센티미터 이상 키 차이가 나고 있다.

키 크는 비법 ❷ 일찍 자고 푹 자기

잠은 사람이 살아가는 데 꼭 필요해!
잠자는 시간이 아깝다고? 그렇지 않아.
잠자는 동안 우리 몸속에서는 많은 일이 일어나고 있어.
또 잠자는 동안 뇌와 근육과 신경은 쉴 수가 있어서
다시 깨어났을 때 씩씩하게 움직일 수 있지.

무엇보다 잠은 키 크는 데 아주 중요해.
잠자는 동안에 성장 호르몬이 나오고 성장판에서 뼈세포가 만들어지니까.
그러니까 밤늦게까지 안 자면 곤란해.
하루에 적어도 아홉 시간 이상 푹 자기!

아픈 만큼 키가 자란다고?

많이 뛰어놀았거나 움직인 날 밖에
허벅지, 무릎, 종아리가 아플 때가 있다.
3~12세의 아이들에게서 흔히 나타나는데
'성장통'이라고 한다.
밤에는 많이 아프지만, 다음 날 아침이 되면
통증이 사라진다. 성장통의 원인은
뼈가 자라면서 뼈를 둘러싼 막이나 근육이
뼈의 성장 속도를 따라가지
못하기 때문이다. 특별한 치료를 하지
않아도 곧 낫지만 많이 아플 때는
따뜻한 목욕이나 마사지 등을
하면 좋다.

키 크는 비법 ❸ 날마다 운동하기

운동을 하면 뼈와 관절이 튼튼해지기 때문에
키가 크는 데 도움이 돼.
운동을 하면 성장 호르몬이 잘 나오고
성장판이 자극되어 뼈세포가 많이 만들어지지.

수영, 자전거 타기, 줄넘기, 농구, 배구, 축구 같은 운동을
땀이 날 정도로 하루에 삼십 분 이상, 일주일에 다섯 번 이상 하는 것이 좋아.

언제 어디서나 통통통 줄넘기

줄넘기는 다리를 많이 쓰며 엉덩이와 무릎의 성장판을
자극하므로 키가 자라는 데 좋은 운동이다.
너무 오래 뛰게 되면 성장판에 무리가 갈 수
있으니까 한 번에 200번 정도가 좋다.

키 크는 비법 ❹ 스트레스 받지 않기

스트레스를 받지 않는 것이 아주아주 중요해.
스트레스를 받으면 심장이 빨리 뛰고 소화가 잘 되지 않고
밤에 잠도 잘 오지 않아.
또 몸이 약해져서 감기에도 잘 걸리지.
스트레스를 받으면 무엇보다 밤에 성장 호르몬이 적게 나온단다.

스트레스를 없애는 방법

1 힘들 때 힘든 자기 기분을 말하기

오늘 축구를 열심히 해서 힘들어요. 청소는 다음에 할래요.

2 실수로 하더라도 괜찮다고 생각하기

앗! 괜찮아! 닦으면 되지 뭐.

3 자기가 한 일에 만족하는 마음 갖기

이 정도면 아주아주 잘 그렸는데.

나라고?

4 걱정되는 일은 미리 연습하기

시험 공부는 미리미리!

5 충분히 잠자기

굿나잇! 잘 자!

개 꿈 꿔!

6 힘들면 쉬기

휴~ 힘들다. 쉬었다가 청소해야지.

7 바깥 놀이와 운동하기

야호 신난다! 스트레스가 확 풀리는걸.

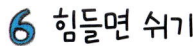
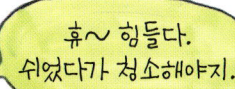

몸의 키, 마음의 키

어떤 사람은 키가 크고 어떤 사람은 키가 작아.
키가 커서 불편한 사람도 있고 키가 작아서 불만인 사람도 있지.
도대체 키는 얼마나 커야 할까?

"근데 넌 왜 그렇게 키가 크고 싶니?"
뼈다귀 아저씨가 물었어.
"나도 멋지게 보이고 싶어요. 우리 반 나준수는요, 키가 커요!
그래서 우리 반 여자애들이 다 좋아하는 걸요. 친구들도 부러워하잖아요."
"그래. 준수가 키가 크지만 친구들이 준수를 좋아하는 건
다른 이유도 있을 거야. 성격이 좋다든가 재미있는 말을 잘한다든가."

"그러고 보니, 준수는 친절하고 재미있어요.
멀대는 키가 크지만 너무 짓궂어서 친구들이
모두 멀대를 좋아하는 건 아니에요."
"농구 선수나 모델처럼 큰 키가 필요한 직업이 있어.
하지만 농구 선수라고 모두 키가 큰 건 아니란다."

먹시 보그스

미국 프로 농구 역사상 가장 키가 작은 선수다.
그는 키가 160센티미터로 작지만
농구 선수로서 당당하게 꿈을 이루었다.

뼈다귀 아저씨는 나를 데리고 복도 끝 방으로 갔어.
문에는 '영웅의 방'이라는 팻말이 붙어 있었어.
문을 열며 뼈다귀 아저씨가 외쳤어.
"내 마음의 영웅들이야!"
방 안에는 여러 인물들의 조각상이 있었어.
"아, 이 사람은 나폴레옹이네요."
"맞아, 나폴레옹!
모두 멋진 인생을 산 사람들이야.
나는 이 영웅들을 닮으려고
실제와 똑같은 크기로 조각상을 만들어 두었어."

나는 조각상들을 살펴보다 한 가지 공통점을 발견했어.
"이 방의 영웅들은 모두 키가 크지 않아요, 그렇죠?"
"그래. 키가 크지 않은 인물들이야. 살아가는 데 키는 중요하지 않아. 키가 작아서 못하는 일은 별로 없거든."
뼈다귀 아저씨의 말에 나는 고개를 끄덕였어.

나폴레옹
'땅꼬마'라고 불릴 정도로 키가 작았다고 한다. 하지만 부하들을 휘어잡아 세계를 정복하고 호령하였다.

덩샤오핑
중국의 경제 발전을 이끈 덩샤오핑은 '오척단구의 거인'이고, 세 차례나 정치적 좌절을 극복한 '오뚜기'라고 불린다. 키는 불과 152.4센티미터였다.

빅토리아 여왕
'해가 지지 않는 나라'로 불렸던 대영 제국의 최전성기에 영국을 통치한 여왕이다. 영국인들의 대단한 사랑과 신뢰를 받은 여왕은 키가 155센티미터였다.

파블로 피카소
20세기 최고의 화가 피카소는 평생 수많은 작품을 그리고 만들었으며 누구보다 열정적으로 살았다. 키는 162.5센티미터였다.

강감찬
유난히 키가 작고 못생겼으나 어려서부터 재주가 뛰어나고 남달리 용맹스러웠다고 한다. 거란이 고려를 쳐들어왔을 때 귀주에서 크게 싸워 물리친 장수이다.

에디트 피아프
'장밋빛 인생'으로 유명한 프랑스의 샹송 가수이다. '작은 참새'라고 불리던 에디트 피아프는 키가 142.2센티미터였다.

찰리 채플린
20세기 최고의 희극 배우이자 영화감독인 채플린의 키는 165센티미터였다.

유리 가가린
러시아의 우주 비행사였다. 1961년 4월 12일 보스토크 1호를 타고 1시간 29분 만에 지구를 한 바퀴 돌아서 인류 최초의 우주 비행사가 되었다. 유리 가가린의 키는 157.4센티미터였다.

디에고 마라도나
아르헨티나의 '축구의 신' 마라도나는 167센티미터이다. '축구 천재'로 불리는 메시는 170센티미터이다.

모두 몸의 키는 작지만 마음의 키가 큰 거인들이야.

"뼈다귀 아저씨, 고마워요. 어쨌든 알려 주신 비법대로
열심히 해 볼게요. 그럼 아저씨만큼 키가 클 테지요."
"그래. 나도 오늘은 그만 쉬어야겠다."
뼈다귀 아저씨는 부스럭부스럭 작업복을 벗었어.
"앗, 아저씨의 키가!"
나는 깜짝 놀라 입을 다물지 못했지.

뼈다귀 아저씨는 죽마를 타고 있었던 거야.
"사다리에 올라가서 일하는 것보다 이게 훨씬 편하거든.
내 키가 크지 않아서 실망했니?"
"아니에요, 아저씨! 키가 작아서 못할 일이 없다는 걸 이제 알겠어요."
나는 매력 뼈 조형 연구소를 나왔어.
집으로 돌아가는 내 발걸음은 날아갈 듯 가벼웠지.

국립중앙도서관 출판시도서목록(CIP)

도와줘요, 뼈다귀 아저씨! 키 크고 싶어요! / 글 : 이지현
; 그림 : 김유대. — 고양 : 위즈덤하우스 미디어그룹, 2017
p. ; cm. — (스콜라 우리 몸 학교 ; 06)

ISBN 978-89-6247-828-0 74400 : ₩ 11000
ISBN 978-89-6247-387-2 (세트) 74400

신장(키) [身長]
511-KDC6   CIP2017009602

스콜라 우리 몸 학교 ❻

도와줘요, 뼈다귀 아저씨! 키 크고 싶어요

초판 1쇄 발행 2017년 5월 1일 | 초판 4쇄 발행 2019년 4월 10일

글 이지현 | 그림 김유대

펴낸이 연준혁 | 스콜라 대표 신미희
출판 8분사 분사장 최순영 | 디자인 조은화

펴낸곳 (주)위즈덤하우스 미디어그룹 | 출판등록 2000년 5월 23일 제13-1071호
주소 경기도 고양시 일산동구 정발산로 43-20 센트럴프라자 6층
전화 (031)936-4000 | 내용문의 (031)936-4165 | 팩스 (031)903-3891
전자우편 scola@wisdomhouse.co.kr | 홈페이지 www.wisdomhouse.co.kr

ⓒ 이지현, 김유대 2017

ISBN 978-89-6247-828-0 74400
ISBN 978-89-6247-387-2 74400(세트)

이 책은 저작권법에 따라 보호받는 저작물이므로 무단전재와 무단복제를 금지하며,
이 책 내용의 전부 또는 일부를 이용하려면 반드시 저작권자와 (주)위즈덤하우스 미디어그룹의 동의를 받아야 합니다.

스콜라는 (주)위즈덤하우스 미디어그룹의 아동·청소년 브랜드입니다.

* 인쇄·제작 및 유통상의 파본 도서는 구입하신 서점에서 바꿔드립니다. * 책값은 뒤표지에 있습니다.

KC • 제조국 : 대한민국 • 사용연령 : 6세 이상
• 이 제품이 공통안전기준에 적합하였음을 의미합니다.

⚠ 책의 모서리가 날카로워 다치기 쉬우니, 던지거나 떨어뜨리지 마세요. 종이에 베이거나 긁히지 않도록 조심하세요.

크크라크라 키크라키크
차찻차찻 크크크크키키!
키크라라 라 으랏차찻 크크크!
냠서 다시 키크라라!
냠서 다시 사러러르타!
냠서 다시 사러러르타!